穹顶建成了！

建筑师菲利波的奇妙创造

[意] 斯特凡尼亚·寇迪哥里亚　文

[意] 安德里亚·奥拉尼　图

苏毅　范志强　译　王兵　校译

清华大学出版社

北京

北京市版权局著作权合同登记号　图字：01-2020-5821

Original title: Brunelleschi: ll genio della Cupola

©Mandragora. All rights reserved

The simplified Chinese translation rights arranged through Rightol Media（本书中文简体版权经由锐拓传媒旗下小锐取得Email:copyright@rightol.com）

图书在版编目（CIP）数据

穹顶建成了！建筑师菲利波的奇妙创造 /（意）斯特凡尼亚·寇迪哥里亚文；（意）安德里亚·奥拉尼图；苏毅，范志强译. —北京：清华大学出版社，2023.2

ISBN 978-7-302-59817-6

Ⅰ.①穹… Ⅱ.①斯… ②安… ③苏… ④范… Ⅲ.①菲利波·布鲁乃列斯基－传记－儿童读物 Ⅳ.①K854.656.16-49

中国版本图书馆CIP数据核字（2022）第003351号

责任编辑：张　阳
装帧设计：谢晓翠
责任校对：王荣静
责任印制：杨　艳

出版发行：清华大学出版社
　　网　　址：http://www.tup.com.cn,　　http://www.wqbook.com
　　地　　址：北京清华大学学研大厦A座　　邮　　编：100084
　　社总机：010-83470000　　邮　　购：010-62786544
　　投稿与读者服务：010-62776969, c-service@tup.tsinghua.edu.cn
　　质量反馈：010-62772015, zhiliang@tup.tsinghua.edu.cn
印装者：小森印刷（北京）有限公司
经　销：全国新华书店
开　本：220mm×265mm　　印　张：5　　插　页：1　　字　数：63千字
版　次：2023年2月第1版　　印　次：2023年2月第1次印刷
定　价：89.00 元

产品编号：089732-01

14世纪末的佛罗伦萨

我是菲利波·迪·瑟·布鲁乃列斯基，生于佛罗伦萨。14世纪末，佛罗伦萨的老城中心仍然被厚实的石头城墙环绕，狭窄的街边挤着民房、塔楼和教堂，人们的生活就在这里展开。城市的宗教中心是大教堂广场，圣母百花大教堂就坐落在这里，旁边矗立着乔托钟楼和圣乔瓦尼洗礼堂，佛罗伦萨人都在这里受洗。城市的政治中心是罗马帝国广场，这里有"领主宫"，是市政府的所在地，今天它被称为"罗马帝国宫"或"维奇奥宫（旧宫）"。

一条遍布商店和作坊的街道把这两个广场连起来，街上有供奉行会守护圣徒的奥桑米歇尔教堂。如今，这条街道叫作"卡尔查依欧利路"。

那时候，这座城市的经济正在高速发展，伟大的文艺复兴时期才刚刚开始。

圣母百花大教堂

14世纪末，圣母百花大教堂仍然没有建好。阿诺尔福·迪·坎比奥只监造完成了建筑正面三大入口的高度。位于八角形侧面的三尊石像、鼓座，还有最重要的、鼓座之上的穹顶，都还没完工。

乔托钟楼

圣乔瓦尼洗礼堂

14世纪佛罗伦萨的权贵：
美第奇家族

从15世纪到18世纪，在长达300多年的时间里，美第奇家族一直是佛罗伦萨最有权势的家族。他们设立的"货币交易所"是现代银行的前身，当时在欧洲各大城市都能找到。商人在出差的路上可以兑换货币，寻求贷款或者在某一座城市的"银行"里存款，然后在另一座城市的"银行"取款。菲利波·布鲁乃列斯基在世时，佛罗伦萨由科西莫·德·美第奇统治，他被称为"长者"（右图是布龙齐诺为他画的一幅肖像画）。

领主宫（罗马帝国宫）

维奇奥宫的名字改过很多次。14世纪，它被称为"领主宫"，这个名字来源于佛罗伦萨统治者的雅称。15世纪，它被称为"罗马帝国宫"，反映了这个城市新的管理方式。16世纪时，科西莫一世·德·美第奇公爵曾经住在那里。当科西莫搬到新家碧提宫的时候，罗马帝国宫开始被称为"维奇奥宫（旧宫）"。

奥桑米歇尔教堂和
佛罗伦萨行会

意大利语里的"Arti"（行会），是从事同一行业的人形成的组织。13世纪，最富有、最强大的七个大行会成立了，紧随其后的是14个中小行会，行会成员只有工匠。每个商人或工匠从开始工作的那一刻起，就必须加入其中的一个行会。大行会和主要的小行会被授予了一项荣誉，可以把它们守护神的塑像放在奥桑米歇尔教堂14个壁龛里面。

年轻的菲利波

　　我的父亲布鲁乃列斯科是一名公证人。他很有天赋，教我读写和算术。他很快就意识到我的画艺精湛。于是决定不再强迫我追随他的脚步，而是把我送到了一个金匠朋友的作坊去当学徒。我和工匠伙伴们一起，每天早上去做弥撒，吃早餐，然后开始一天的工作。

　　工匠的作坊开门营业，农民去田地劳作，建筑工人开始在工地上干活，银行家的货币交易所也开张了，家庭主妇则让女仆去买东西、做饭、洗衣服、做家务。街上挤满了行人、骑马的人、拉车的驴和家畜。

15世纪佛罗伦萨的生活

在布鲁乃列斯基的时代，这条如今被称为"卡尔查依欧利路"的街道上到处都是作坊和形形色色的人。在左下方，我们可以看到两个富有的绅士在兑换货币。在右边，一个商店在卖机织布料，紧挨着一个金匠作坊，年轻的菲利波在门口忙碌着。沿街可以看到典型的佛罗伦萨建筑，有阳台，部分斜架支撑的结构从建筑立面上凸出来。

15世纪佛罗伦萨的艺术家

14世纪到15世纪，"artist"（艺术家）这个词的意思更接近于"熟练的工匠"，或者是在他的领域中比任何人都要优秀的人。在菲利波的时代，最著名和受人尊敬的艺术家包括他的密友多纳泰罗、同样在金匠作坊接受过培训的洛伦佐·吉贝尔蒂，以及画家马萨乔·乌切罗和保罗·乌切洛。卢卡·德拉·罗比亚是一位与众不同的雕塑家，他发明了一种神秘配方，能让陶土雕塑熠熠生辉，也就是"釉陶"。

菲利波和多纳泰罗在罗马

1401年，商人行会组织了一场竞赛，来确定谁将负责铸造圣乔瓦尼洗礼堂的第二扇门。参赛者需要在铜板上雕刻《圣经》中"以撒献祭"的故事。尽管我雕刻的铜板最独特传神，委员会还是选中了我的对手洛伦佐·吉贝尔蒂。失望之下，我和好友多纳泰罗去了罗马，研究古罗马雕塑及其比例关系。这里的古建筑深深地打动了我，如万神庙、斗兽场等，它们传达出古罗马帝国的宏伟和力量。通过仔细研究，我开始想象一种新的建筑方式，利用视野所及的柱身、柱头、拱门、拱顶和穹顶。古罗马建筑雄伟壮观，令人印象深刻，同时也容易理解，因为它们是由不断重复的简单元素组成的。

人文主义

古罗马帝国已经灭亡了千余年，古希腊人和古罗马人记录知识的文献大部分都藏在私人图书馆和修道院里。14世纪和15世纪，许多学者努力找回这些著作并对其进行研究，意识到古人心目中人的重要性，人具有完成宏大计划、孕育伟大思想、成为自身所处时代的主导的能力。这个历史时期被称为"人文主义时期"。

文艺复兴时期

15世纪初，许多年轻的艺术家开始写作、绘画、雕刻、设计并建造房子，他们从古希腊和古罗马艺术中汲取灵感，于是形成了"文艺复兴"，也就是以古代或"古典"文化的重生为标志的时期。

古罗马废墟

古罗马建筑和雕塑的废墟近在咫尺，有些人毫不客气地把这些构件搬走。这幅图的左边是今天仍然存在的马森奇奥巴西利卡，右边是圣弗朗西斯卡罗马大教堂，背景是斗兽场。许多人把这些广场遗迹看作建筑材料来掠夺，因此古罗马的柱身和柱头甚至被用来建造许多早年间的基督教教堂。

佛罗伦萨育婴堂

回到佛罗伦萨后，我受丝绸业行会的委托，在今天桑蒂西马·亚农齐广场的位置设计并监造新的育婴堂。当时，这里还是空旷的乡村。育婴堂是为年幼的孤儿建造的。

这座建筑于1419年开始建设，1445年开放。

育婴堂是一座与众不同的独特建筑，这是因为它不仅仅是我设计监造的第一栋建筑，也是第一座采用古罗马建筑元素的建筑。在当时的佛罗伦萨，有许多建筑收容那些生活困难的人，却从来没有过专门为孩子而建造的房子。

凉廊

凉廊为走入建筑的人提供遮蔽，也让这座建筑与前方广场紧密相连。

它由非常简单规整的九跨拱券空间组成空间序列。每跨拱券空间都是立方体，因为柱子间距、柱子高度和拱券空间进深的尺寸都是10佛罗伦萨臂尺（差不多6米）。

拱之间的圆盘

在拱之间的拱肩正面，装饰着用塞茵那石制作的圆盘。1487年，陶土雕刻的襁褓中的婴儿塑像被安装在圆盘上，它的设计者是安德烈亚·德拉·罗比亚——卢卡（知名度更高）的侄子。

凉廊的建筑元素

在这座育婴堂的凉廊上，我们能看到布鲁乃列斯基在罗马所欣赏并研究过的建筑元素：面对广场的半圆拱门、圆柱顶端的科林斯柱头，覆盖各跨拱券空间的肋拱顶。

透视法的发明

在我那个年代，画家还没有使用科学方法在平面上表达立体空间，而是采用直观的方式，这种方式往往是近似的，并不准确。在我之前，人们也尝试过更科学的方法，但人们公认，我真正发现了线性透视的数学规则。换句话说，就是在一个平面上，按照我们的眼睛所看到的真实景象来再现人物、建筑和物体。

为了帮助你理解如何使用线性透视法来作画，请试着在一张纸上画一条水平线，这叫作"地平线"。在这条线上选择一个点，叫作"灭点"。灭点是当画画的人注视着想要描绘的场景时，眼睛在纸面上的投影。纵深方向的线，即那些向地平线延伸的线，总是会相交在灭点上。画面上的横线和竖线彼此平行，但它们的长度随着接近于灭点而逐渐变短。

以菲利波的透视画板为例

1. 为了证明透视画与观察者实际所见相同，菲利波在圣母百花大教堂的正门，采用线性透视法，在一块边长30厘米的方木板上画出了圣乔瓦尼洗礼堂。

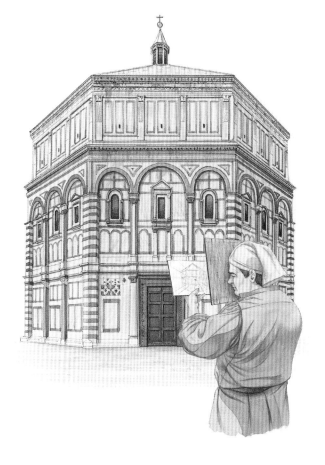

透视法在艺术家中流传

布鲁乃列斯基之后的艺术家开始遵循线性透视法的规则。画家马萨乔在新圣母玛利亚教堂的湿壁画《圣三位一体》中尝试了这种透视绘图方法。这幅作品之所以备受瞩目，是因为它栩栩如生地再现了葬礼场面，就好像真实发生在墙上的洞口后面一样。

马萨乔，《圣三位一体》，1425—1426年，佛罗伦萨，新圣母玛利亚教堂。

2. 然后，他在画板上灭点的位置挖了一个豌豆大小的洞，他将画板反转过来，用另一只手拿着一面镜子，并把它放在与画板距离合适的位置。从洞里，他可以看到洗礼堂正好矗立在画上同样的位置。

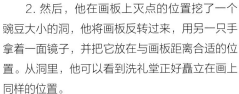

3. 从洞里看过去，镜子里映出的图画和洗礼堂的样子一模一样。这证明了线性透视的规则能让物体以一种精确的方式再现。

圣母百花大教堂

13世纪末，位于今天大教堂广场所在地的圣·雷帕拉塔老教堂已经不够宏伟，无法与佛罗伦萨这样富庶而有影响力的城市相配。

因此，教会决定建一座新的大教堂。

大教堂广场没有现在这样宽敞，为了建设新的大教堂，得创造必要的空间，周围许多建筑都被拆除了。新建筑围绕着古老的圣·雷帕拉塔教堂拔地而起。它的构造很复杂，建设过程持续了一个多世纪。

因此，在佛罗伦萨，人们经常会听到这样一句话——"就和建大教堂一样久"。这座新教堂是献给耶稣基督的母亲玛利亚的，被命名为"圣母百花"。它是当时世界上最大的教堂。1418年，祭坛上方的巨大缺口还未能合拢。

似乎没人能在跨度这么大的空间上建造拱顶。那一年，我41岁，深信自己是唯一能做到的人。

教堂最初的设计

1367年，被称为"八位大师"的专家组（包括八位手工匠人和画家）草拟了大教堂的设计方案。乔托钟楼脚下，以砖砌成的教堂和八边形拱顶的模型，将设计构思展现在市民面前。

巨大的鼓座

14世纪中期，人们决定建造一个大约10米高的八边形鼓座，以确保圣母百花大教堂的穹顶将成为有史以来最高大的穹顶。鼓座采用砖砌结构，是穹顶的基础。

圣母百花监理团

14世纪上半叶，佛罗伦萨政府任命了几位大行会的代表来监督新教堂的建设。后来，政府最终决定只由羊毛业行会跟进建设过程。羊毛业行会成立了"圣母百花监理团"，由其"团员"（成员）负责管理项目资金，并监督工程进展。如今，圣母百花监理团仍然负责管理和维护位于大教堂广场的所有历史遗迹和艺术作品。

建筑立面

由阿诺尔福·迪·坎比奥设计的建筑立面一直保留着，直到16世纪末美第奇家族要求建筑师贝尔纳多·博塔莱蒂将其拆除。现在的立面是在19世纪由建筑师埃米利奥·法布里设计的，而14世纪的立面现在已经在佛罗伦萨主教堂博物馆的大空间里被重建。

建造穹顶的方法

一定有办法建造横跨大教堂巨大缺口的穹顶，这个缺口让大教堂对着天空敞开了一个多世纪！

穹顶下面的鼓座是八边形的。而当时已知的施工技术并不支持建造多边形底座上的穹顶，因为在施工过程中，它必须由地面上立起的木制拱鹰架来支撑。但是要造出这么高的拱鹰架是不可能的。事实上，鼓座的最高点约为54米，几乎有18层楼那么高！

那时候，只有"轴对称穹顶"，也就是正圆形基座上建的穹顶，可以在不使用拱架的情况下竖立起来，所以大教堂的穹顶应该有一个正圆形的底座，而不是多边形的。

最后，我找到了一种以前从未尝试过的解决方案。用来支撑拱顶的鼓座大约有4.5米厚。因为它太厚了，我就在八边形的底座内，设计出一个王冠状的圆底座。用这种方法，我就可以建造轴对称穹顶了。

为了建造它，我将采用一种"人字形"建造技术，能让砖石结构"自我支撑"，也就是说在穹顶的整个建造过程中支撑自身的重量。

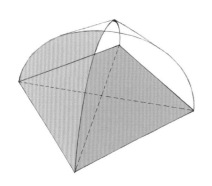

像圆顶的穹顶

多边形建筑上方也可以覆盖像圆顶的穹顶，就像圣乔瓦尼洗礼堂那样。建筑有几条边，穹顶就由几部分拱瓣拼接而成。拱瓣呈三角形，可以是平面或曲面，底部落在建筑侧面，顶点则汇聚在一个中心点。

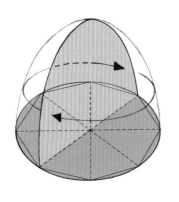

轴对称穹顶

为了覆盖非常宽广的圆形空间，古罗马人设想旋转一个拱，就像旋转陀螺一样，从而得到一种被称为"穹顶"的圆屋顶。曲线绕垂直轴旋转的结果，被称为"轴对称穹顶"，它通常有一个正圆形的底座。

人字形建造技术

　　甚至在菲利波之前，人们就已经采用一种叫作"人字形建造技术"的方法建造了底座为圆形的半球形拱顶，这种技术常常允许在铺设一排排竖砌的砖之间插入一层横砌的砖。这样，随着建筑向上和向中心倾斜度增加时，横砌的砖就不会坠落，而是被夹在竖砌砖块之间。

穹顶的竞赛

1418年8月，圣母百花监理团最终批准了一项建造大教堂穹顶的竞赛。参与竞赛的人里面还有洛伦佐·吉贝尔蒂。

轮到我的时候，我向评委们展示了自己独创的解决方案。一开始，他们认为我疯了，把我赶了出去，因为他们不相信我的提议能实现！但我没有放弃，终于说服了他们，我的想法是唯一可行的。为了证明自己是对的，在多纳泰罗和纳尼·迪·班科两位朋友的帮助下，我用砖、石和砂浆做了一个砖砌模型，没使用任何支撑。

1420年，监理团不得不组织第二次竞赛来决定获胜者。这一次，毫无疑问，我的模型成功地说服了所有人，在提交的所有方案中，我的模型被选中了。但问题并没有就此解决。事实上，我本来以为自己立刻会被任命为这项工程的负责人，但由于洛伦佐名气很大，监理们也指定他和我一起工作。

直到1433年，我才获得完全的信任，得到圣母百花监理团的独家委托。我已经证明了自己无可取代的能力，被公认为穹顶的唯一监造者，对此我深感欣慰。

麻烦的合作者——洛伦佐·吉贝尔蒂

洛伦佐·吉贝尔蒂是一名出色的金匠和雕塑家，但他没能在建筑结构创新方面发挥作用。布鲁乃列斯基尤其不能忍受的是，自己的独创设计却要与别人一起共享荣誉。

乔治·瓦萨里回忆说，为了摆脱吉贝尔蒂的困扰，菲利波假装生病，让吉贝尔蒂一个人待上几天，让他自己解决工地上的所有问题。然而几天后，石匠和工人们非常愤怒地回到菲利波身边，因为他们没有从吉贝尔蒂那里得到所需的支持。布鲁乃列斯基因此才被指派独立负责建筑工地。

穹顶的建筑工地

1420年8月7日，开始建造穹顶了。

工人们每天都要建造一部分砖石环，从内层穹顶开始向外延伸，这样，已经铺好的第一排砖就可以支撑上面倾斜的砖。"人字形技术"意味着圆环剩余的部分还没完工的时候，穹顶已经建好的部分也不会倒塌。在砖拱内外，布鲁乃列斯基都建造了水平的木制平台，固定在墙壁上并相互连接，以确保石匠们能够轻松安全地在工地上干活。

随着穹顶越来越高，其他更高的平台也一个接一个建了起来。工地组织严密，极少发生工伤事故。在此过程中，不可多得的工头巴蒂斯塔·安东尼奥和工艺精湛的专业工人团队给了我巨大的帮助。

在如此重要的项目中，每一个决定都必须得到圣母百花监理团的批准，监理团负责监督财务管理，穹顶官员和我一起负责现场的进度，并记录工程的进展情况。而我能解决每一个难题。

窑炉和特制的砖

在角上，为了与白色肋的内表面一致，使用特制的角砖，以确保各部分之间不会凹凸不平。菲利波不信任任何人，所以他亲自设计砖块的模具，指导砖窑烧砖。

工地上的工人

　　瓦工、劳工和石匠都在平台上工作。在地面和工地上方的高处，是操纵绞车和起重机的人。木匠和铁匠参与了机械和平台的建造和维护。工头巴蒂斯塔·安东尼奥管理所有的工人，负责采购和运输建筑材料。

建筑机械

为了使穹顶的施工能够尽善尽美，我慎之又慎，事必躬亲。我亲自去采石场挑选材料，监督砖的烧制过程和尺寸，从早到晚都在指导工人们干活。

日常工作中有一项艰巨任务，是将大量沉重的建筑材料，吊运到让人头晕眼花的高处施工平台。为此，我专门发明了几种建筑机械——地面上安装有大绞车，能把重物吊起来运到需要的高度，再由一台可旋转的起重机来搬运。

我们也使用了特殊工具来测量距离、角度和坡度。

吊楔

吊楔用来把大石头吊起来。一组吊楔由三部分金属构件组成，中间是平行六面体，两侧是楔形体。在大石头上挖出凹槽，然后把楔形体根部塞入两侧凹槽中，再在它们之间插入中间部分。这样，三部分构件就与石块紧紧卡在一起，再用螺栓固定在支架上，将吊楔与大石头一起吊起来。

大绞车

大绞车包含一个连在齿轮上的大圆筒。工人们转动连接在圆筒上的轮子，圆筒上缠绕着一股绳子，绳子在工地上方的滑轮中穿过。用绳子把吊楔和建筑材料系牢，随着轮子逐渐转动，重物就被吊起来了。

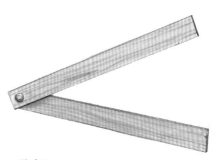

分规

分规是用螺丝把两块木板拧在一起做成的。它就像一块没有斜边的三角板，用来测量距离和角度。

旋转起重机

当沉重的建筑材料被提升到高台上，旋转起重机就会把它们吊起来，送到四周各处。这些起重机由木构架、插入小平台中心的垂直木杆等组成。如图所示，它可以和配重块或者与高台上提起建筑材料的绞车一起操作。

滑轮

直到今天，滑轮仍然帮助人们依靠自身体力来举起重物。滑轮里面有支架，支架内的中轴用来安装一个或多个带凹槽的轮子。有时轮子被安装在木制框架上，一根缆绳从轮子上穿过。

铅垂线仪

铅垂线仪由底边有刻度的等腰直角三角形和连在直角上的铅垂组成。如果铅垂正好落在底边的中心，那么仪器所在的表面就是完全水平的。它和今天建筑工人们用的水平仪的工作原理完全相同。

穹顶的骨架

穹顶由八个被称为"帆拱"的部分组成，从八边形的每个侧面升起。我让工人们用石块来建造帆拱中最低的部分，以确保结构稳固，底部有足够的重量。帆拱上升到顶部时，我用砖块来代替石块，使它更轻盈。在帆拱之间，有八根由白色石头覆盖表面的纵向拱肋，从建筑外面可以清楚地看到。在每片帆拱的内部也有两条肋，但从外面是看不到的。然后，一系列水平拱连接所有的纵向拱肋。因此，穹顶是一种独特而非常结实的结构。

穹顶的底面直径大约是54米，高大约是35米，距离地面的总高度接近90米。

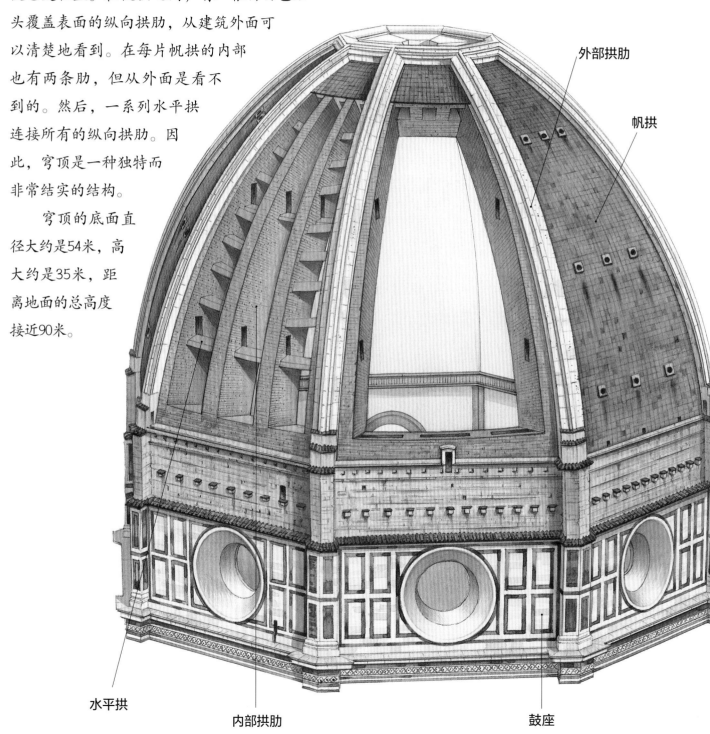

外部拱肋

帆拱

水平拱

内部拱肋

鼓座

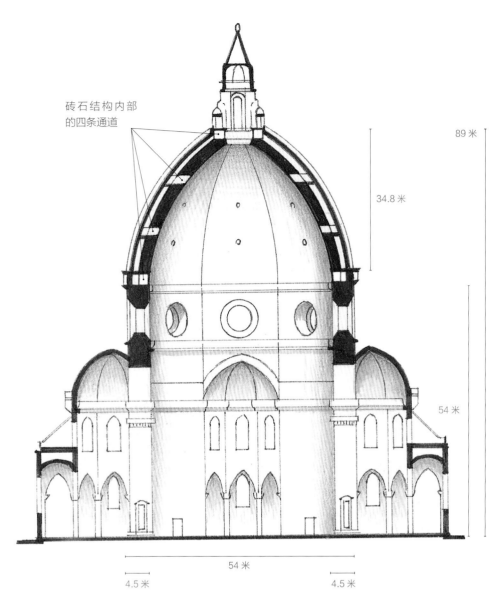

砖石结构内部
的四条通道

89 米

34.8 米

54 米

54 米

4.5 米   4.5 米

剖面

如果我们想象一下，把穹顶从上到下切成两半，就能得到一个剖面。穹顶剖面的形状不是半圆形，因为那样会使得侧推力太大，同时底部也会太宽。菲利波选择了一种略平缓的双圆心尖券，它可以达到更高的高度，并尽可能将重量垂直传递到鼓座上。

空腔和四条通道

穹顶是这样建造的：在内部拱肋之间留有空腔或空隙。它们能让结构更轻盈，更便于人们穿行。攀登一系列台阶，就有可能来到穹顶近旁，并且可以沿着跨越拱肋的四条圆形水平通道在穹顶内行走。在这些通道内穿行，会有这样一种印象：一层拱在外面，另一层拱在里面。人们通常把它们称为内穹顶和外穹顶，尽管穹顶实际上是整体性的结构。

采光亭

1432年，在穹顶完工前几年，菲利波向圣母百花监理团提交了采光亭的设计。采光亭是穹顶的最高点，用来照亮教堂的内部。

1367年，甚至早在菲利波出生前，教堂的设计中就已经计划设置采光亭。1436年，菲利波的设计被批准，1446年3月，开始铺第一块石头。遗憾的是，不久，菲利波去世了，他没能亲眼看到采光亭完工。

1468年，安德烈亚·韦罗基奥的金色圆球被安装在采光亭的顶端，采光亭工程结束。

3月25日

在当时的佛罗伦萨历法中，3月25日被认为是一年的第一天。这是所有佛罗伦萨人最重要的节日，因为在这一天，大天使加百列手持白百合向圣母玛利亚宣布耶稣的诞生。白百合既象征着玛利亚的纯洁，又是佛罗伦萨这座城市的象征。

圣母百花大教堂的献礼

1436年3月25日，圣母百花大教堂举行圣典，这是佛罗伦萨历上最重要的日子。穹顶现在已经完工。为了纪念这一刻，我和巴蒂斯塔·安东尼奥一起设计了一个悬挑的木制高台，高台上覆盖着顶篷，从新圣母玛利亚教堂一直延伸到圣母百花大教堂。教皇尤金四世在市政府代表、大使、红衣主教和主教的带领下，走过这个悬挑的高台。这个高台让全体市民都能看到这些政要，好像他们站在高高的舞台上面一样，同时，政要们在行进中也不会被热情的人群阻挡。教皇在大教堂前的广场上接受红衣主教焦尔达诺·奥尔西尼和领袖朱利亚诺·达万扎蒂的欢迎。

我最伟大的作品终于完成了。教堂将在几个月后的8月3日启用。为了建造世界上最大的穹顶，我克服了重重困难，消除了种种偏见，但是我向所有人证明：只要有决心并付出努力，就没有什么是不可能的。

穹顶的意义

巨大的穹顶代表了圣母玛利亚的桂冠，它巍然耸立，完美地将人与上帝连接在一起。现在它已经成为佛罗伦萨城市的象征。

其他杰作

圣母百花大教堂的穹顶是我最出名的作品，我因此而闻名于世。

然而，在我的一生中，也创造过其他杰作。我最初是一名金匠和雕塑家，后来成为一名建筑师。

在我的雕塑中，忠实地表现了人体，把人物情感释放出来，而不像更早一些的艺术那样刻板。

我被认为是第一位现代建筑师，凭借自己的力量将建筑创作变成一种艺术形式。我发挥了重要作用，使佛罗伦萨成为文艺复兴的"摇篮"。

以撒献祭

1401年，布鲁乃列斯基为圣乔瓦尼洗礼堂新大门的竞赛列斯基创作了描绘"以撒献祭"的铜板雕刻。他用强大的力量和激烈的情感成功地表现了人物的情绪。

耶稣受难像

布鲁乃列斯基于1410—1415年所雕刻的耶稣受难像，是整体和谐、比例协调的典范。对于人体解剖学的仔细研究，反映出菲利波对于比例协调的钟爱。这个作品表达了主题的神圣完美：耶稣双臂张开的宽度与身体的高度相等，这样就可以被雕刻在正方形之中，而这种几何形正是菲利波风格的基础。在佛罗伦萨新圣母玛利亚教堂的祭坛上，你能看到这尊雕塑。

旧圣器室

1422—1428年，布鲁乃列斯基应科西莫·伊·韦基奥的父亲乔瓦尼·迪·比奇的要求建造了圣洛伦佐大教堂的圣殿圣器室。在这里，菲利波创造了一个简单的立方体空间，顶部是一个分为12份的半球形穹顶，在穹顶中，当地的灰色塞茵那石被用来强调支撑元素。

帕奇礼拜堂

1429年，安德里亚·德·帕奇委托布鲁乃列斯基建造了圣十字大教堂圣方济各会修士的家庭礼拜堂和牧师会礼堂，后来被称为帕奇礼拜堂。与圣洛伦佐大教堂的旧圣器室一样，菲利波在这里也采用了对称手法，以及上方有半球形穹顶的方形和立方体形状。

圣洛伦佐大教堂

布鲁乃列斯基负责监督完成那个在1421年左右就开始的巴西利卡教堂重建项目，它早期是基督教教堂，11世纪时改为罗马式建筑风格。在室内，菲利波选用方形单元的布局，就像他在佛罗伦萨育婴堂的凉廊中所做的那样。主要的中殿由两个方形单元组成，而侧廊则由一个方形单元构成。从立面上看，侧廊开口不再是立方体形状，而是相当于1.5个立方体的高度，上面同样覆盖着拱顶。

圣灵大教堂

布鲁乃列斯基最后的杰作是重建圣灵大教堂。设计工作开始于1434年，建造工作开始于1444年。菲利波再次采用了方形单元的建筑平面：中殿由两个方形单元组成，侧廊则由一个方形单元组成。侧礼拜堂是半圆形，包含在半个正方形中。在立面上，侧廊拱券空间单元相当于1.5个立方体，就像圣洛伦佐长方形教堂那样，它们上面再次覆盖了拱顶。1446年菲利波去世后，在安东尼奥·马内蒂的指导下，工程继续进行，对最初的设计做了少量修改，但并没有改变布鲁乃列斯基的单元化设计。

词　汇

教堂半圆形后殿

罗马巴西利卡教堂的典型建筑元素，平面是半圆形，由圆形拱顶（半球形穹顶的一半）所覆盖，拱顶在中厅的一端打开，衔接基督教巴西利卡教堂的横厅。

拱

一种弧形结构，由砖或楔形石块（经过切割雕琢后的石块）互相紧紧地抵住而构成，使重量落在两个垂直的部分之上。

羊毛业行会

意大利七大行会之一，也是佛罗伦萨的七个大行会之一。其成员被称为"拉奈奥利"（Lanaioli），从事纺织和羊毛贸易。

商人行会

意大利七大行会之一，也是佛罗伦萨七个大行会之一。其成员生产和销售来自法国和意大利其他地方的布料。

丝绸业行会

意大利七大行会之一，也是佛罗伦萨七个大行会之一。其成员参与了整个欧洲的丝绸织造和贸易。

洗礼堂

圆形或多边形的宗教建筑，内有洗礼池，通常建在大教堂附近。

筒拱

由拱沿着一段直线延伸而形成的覆盖物，或通过把许多拱一个挨着一个放置而形成，用于覆盖正方形或长方形的表面。

跨/开间

在建筑学中，拱顶下的方形或矩形空间，由壁柱所支撑的拱来分隔。

柱头

柱子上方的部分，用来连接柱身、拱门或横梁。在古希腊和古罗马建筑中，柱头有三种类型，即多立克、爱奥尼和科林斯。

大教堂

一个城市最主要的教堂，在那里可以找到主教的座位。

交叉拱

由两个相同形状的筒拱直角交叉形成的十字形覆盖物，用来覆盖正方形或长方形平面。

工头

从建筑师那里接收指令并确保施工工人执行这些指令的人，他还要为工地上任何人的行为负责。

湿壁画

用湿灰泥在墙壁上作画，等灰泥变干的时候，颜料就与墙壁融为一体。

监督者

在佛罗伦萨的社会交流中，"监督者"这个词并非用来形容做体力劳动的人，而是指圣母百花大教堂监理委员会的监工或议员。

货币交易所

现代银行的前身，在欧洲所有最重要的城市都能找到。外出做生意的商人可以在一个城市的"银行"兑换货币、申请贷款或存款，然后到另一个城市的"银行"取款。

塞茵那石

一种发现于亚平宁山脉中部的蓝灰色石头，在建筑工程中得到广泛应用。塞茵那石成为布鲁乃列斯基建筑风格的元素之一，它在托斯卡纳地区，特别是佛罗伦萨和周边地区很普遍。

领主

领主是一群人的首领。在佛罗伦萨，每个行会都有一位领主作为首领。领主是佛罗伦萨政府的组成部分。

穹顶的一部分（帆拱）

在建筑学中，指的是包含在两个结构肋之间的拱顶。

艺 术 家

多纳泰罗（Donatello，佛罗伦萨，1386—1466）

人们认为，他复兴了古典时代的宏伟雕塑。在他漫长的一生中，为佛罗伦萨和帕多瓦创作了许多作品。他发明了浅浮雕——一种借鉴了布鲁乃列斯基发明的线性透视法的雕塑技术，通过微型浮雕给人带来深邃的空间感。

洛伦佐·吉贝尔蒂（Lorenzo Ghiberti，佛罗伦萨，1378—1455）

在文艺复兴艺术的起源和发展中发挥了重要作用。他为圣乔瓦尼洗礼堂创作了北门，这扇门后来被称为"天堂之门"；他在佛罗伦萨圣弥额尔教堂外部雕刻了施洗者圣约翰、圣马太和圣斯蒂芬；他为圣母百花大教堂设计了许多彩色玻璃窗。

保罗·乌切洛（Paolo Uccello，佛罗伦萨，1397—1475）

他是15世纪最具原创性的画家之一，一位充满激情的透视学者，能够以一种实验性和不寻常的方式来营造透视效果。他最重要的作品包括《约翰·霍克伍德爵士纪念碑》，这是为圣母百花大教堂绘制的湿壁画，以及在教堂背立面上画的钟表的表盘。

马萨乔（Masaccio，原名托马索·迪·乔瓦尼·卡塞、圣乔瓦尼·瓦尔达诺，罗马，1401—1428）

尽管27岁就英年早逝，但他是文艺复兴时期伟大的创新者之一。他在晚期哥特风格绘画发展中起了决定性作用，融合了乔托、多纳泰罗和布鲁乃列斯基的创新，并形成自己的风格。他最重要的作品包括布兰卡奇礼拜堂的装饰画和至今仍保存在新圣母玛利亚教堂的《圣三位一体》壁画。

卢卡·德拉·罗比亚（Luca della Robbia，佛罗伦萨，1399—1482）

他是一位有影响力的雕塑家和陶艺家，当时负责建造圣母百花大教堂的一个唱诗班阁楼（另一个由多纳泰罗负责建造）。他的名字与他发明的上釉陶土技术密不可分，这项技术能让色彩以一种璀璨持久的方式附着在陶土上。

纳尼·迪·班科（Nanni di Banco，佛罗伦萨，约1374—1421）

他和多纳泰罗一样，都是15世纪早期佛罗伦萨最重要的雕塑家之一。他追随朋友的脚步，创作了宏伟而不朽的作品，重新发现了古典雕塑的价值。

索　引

译后记——献给每个热爱搭建的小建筑师

苏毅

　　值此中文版付梓之际，请容译者借一方空间，写下一些想法。本书外在呈现给大家的，是一本水彩插图的小册子，薄薄几十页。但合上书页，细心体味它的内在，竟然是和专业书一样，同样经过了深思熟虑。不少篇幅采取第一人称的写作方式，努力将读者引向文艺复兴时期颇负盛名的建筑师——布鲁乃列斯基的内心。向心而栖，读者能触摸到的，是简单和朴素——这里无世俗之扰，所存的只是对历史知识的尊重、创新的解决问题思路、清晰的几何逻辑和变化丰富的建筑构造。

　　我起初非常担心。虽然这本书的细节，相比于前人的中文陈述，并不乏新意，但这样完全不加"戏说"，只讲述建筑学专业知识的写作方式，会不会显得太"干巴"了？这可是一本"少儿绘本"啊！它能与"无所不在"又"无所不能"的手机应用程序App竞争，获得小孩子的宝贵注意力吗？

　　直到译至后段，我才意识到：也许每个孩子都有成为建筑师的宝贵天赋。在搭积木、堆沙堡、做手工的过程中，每个孩子都在探索周围的空间，发现结构的奥妙之处。向孩子讲述布鲁乃列斯基的故事，也许能在他们心里种下一颗种子。如果他们碰巧也具有布鲁乃利斯基那样澎湃的空间想象力、敏锐的洞察力和敢于挑战世俗的勇气，经过几十年的成长，其中有些人或许就能作为杰出建筑师而脱颖而出；但有些人也可能阴差阳错地被荒废掉——天才的成长常常并不比普通人容易，甚至还可能更危险一些——所谓"慧极必伤"是也。希望本书所呈现的一座建筑杰作诞生的传奇的过程，能增进人们对建筑设计行业和建筑师的理解，能打动和感染更多孩子，启迪他们创造未来的神奇作品。

　　除了建造过程的艰难，历史建筑的保护在现实中也经常遇到种种困难。即使是在科学文化比较发达的欧洲，与圣母百花大教堂齐名的、有着850多年历史的

巴黎圣母院，也因为一时的疏忽，于2019年4月15日被严重烧灼。这一天正巧是布鲁乃列斯基573周年忌日。对照本书对一座大教堂长时间建造过程的描述，尤其为此感到悯然心痛。如何让历史建筑免遭各种类型的破坏，让建筑文化更有韧性，是东西方都在探寻答案的共同课题。

本书在翻译过程中，有幸得到了北京建筑大学王兵老师的审阅和校正，王老师攻读博士学位阶段曾就读于意大利马尔凯大学，是历史建筑保护工程专业领域的知名学者。研究生范志强也参与了翻译工作。本书的出版，得到了清华大学出版社张阳编辑的帮助。在此向他们一并表示最诚挚的感谢！

囿于译者的能力，本书可能仍有缺点错误，恳请读者不吝提出宝贵意见和建议，译者的邮箱为：suyi@bucea.edu.cn。

涂上颜色，建造穹顶!

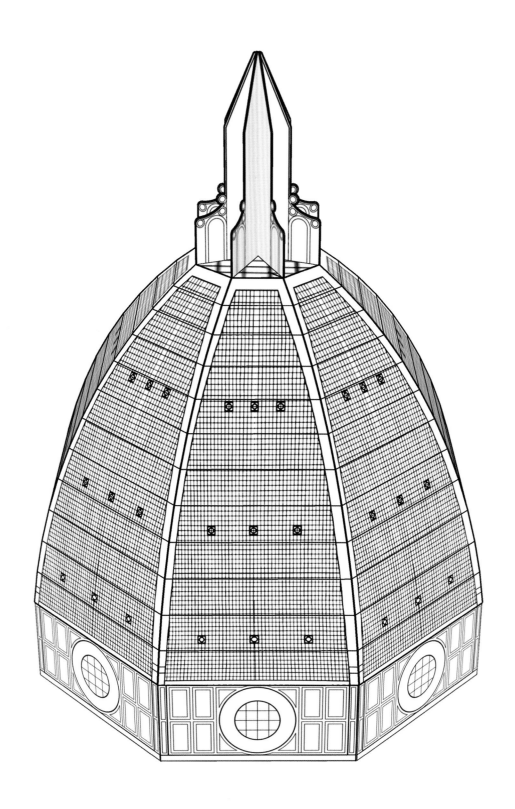

模型制作参考

鼓座

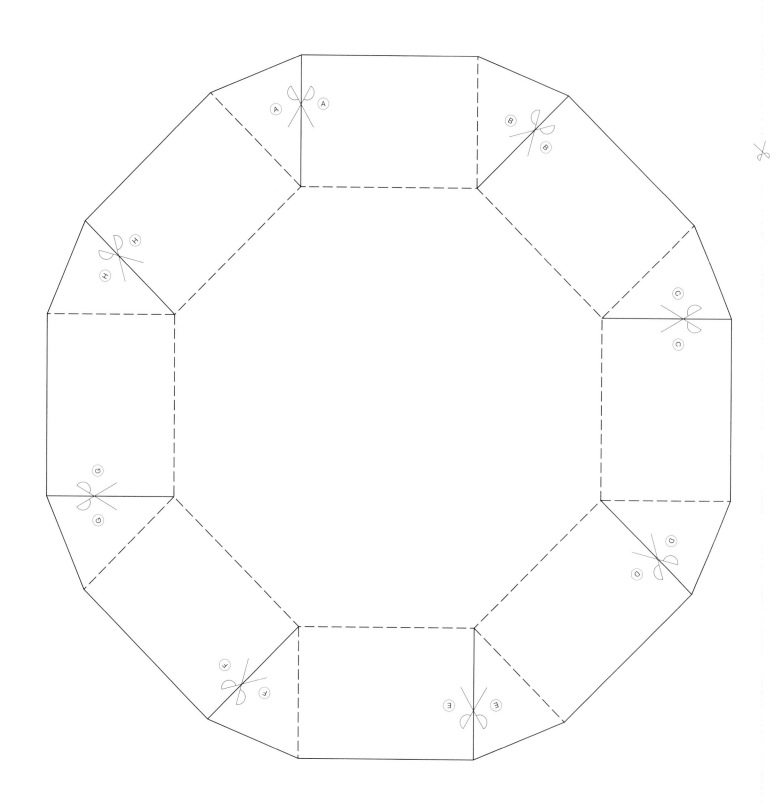